천안개방교도소 근무 시(2010. 겨울)

碧江 오영태 詩人

약력

❖ 1952. 06. 17
경주시 외동읍 사일동네 출생

❖ 1983. 06. 07
서울지방교정청 서울구치소 보안과(교위)

❖ 1989. 10. 27
대구지방교정청 청송제2보호감호소 보안과(교감)

❖ 1996. 07. 18
대구지방교정청 경주교도소 보안과장(교정관)

❖ 2005. 05. 26
대구지방교정청 부산구치소 서무과장(서기관)

❖ 2006. 07. 03
대구지방교정청 청송제3교도소장(서기관)

❖ 2007. 08. 08
대구지방교정청 울산구치소장(서기관)

❖ 2008. 07. 28
대구지방교정청 부산교도소장(서기관)

❖ 2009. 07. 06
대구지방교정청 포항교도소장(서기관)

❖ 2010. 08. 09
대전지방교정청 천안개방교도소장(일반직고위공무원)

❖ 2011. 09. 04
작고

상훈

❖ 2003. 10. 28 국무총리표창(교정교화활동)

❖ 1995. 12. 30 모범공무원상

❖ 1993. 12. 31 장관급표창(교정행정발전유공)

❖ 1993. 05. 08 4급기관장표창(효행공무원표창)

❖ 1986. 01. 22 2급기관장표창(교정사고방지유공)

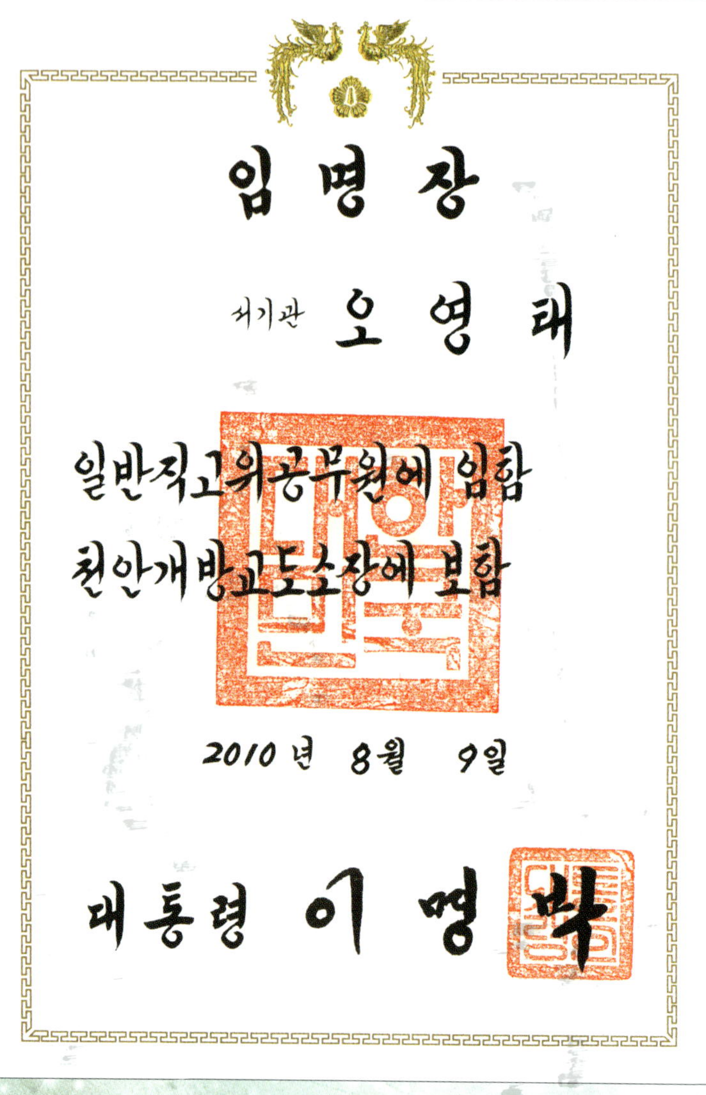

임 명 장

서기관 오 영 태

일반직고위공무원에 임함

천안개방교도소장에 보함

2010년 8월 9일

대통령 이 명 박

일반직고위공무원 임명장 전수

碧江 오영태 소장 마지막 근무지에서

대전교정청 김태규 청장님 천안개방교도소 초도 순시(앞줄 좌측 첫 번째) 2011. 8. 25

대전교정청 김태규 청장님 천안개방교도소 초도 순시(앞줄 우측 두 번째) 2011. 8. 25

어느 날……

청송 주산지에서

충남 홍성 용봉산 정상에서

호주에서

늘 한발 늦게 하는 말

碧江 오/영/태/유/고/시/집

늘 한발 늦게 하는 말

도서출판 천우

누군가의 가슴을 적셔주는 위안이 되었으면

한때 까맣게 밤을 새우며 나만의 도취에 빠져 희열에 몸을 떨기도 했다. 한없이 들뜨게 했던 밤이 지나가고 아침 햇살 아래에서 다시 만난 나의 언어들은 한없이 부끄러워 숨을 곳조차 찾을 수가 없었다.

점점 세속화되어 가는 일상 속에서 나의 詩는 나만의 언어로 남지 못하고 그렇게 나로부터 멀어져 갔지만 언제나 행복한 통증으로 남아 있었다. 그 후로도 오랫동안 나의 가난한 詩心은 나에게서 달아나려는 나와 싸워 주었고, 끝내 나를 지켜주고 다스려 주었다.

이제 부끄러웠던 초심으로 돌아가 나를 들뜨게 했던 詩心들로 남은 날들을 채워나가겠다. 호숫가 인적 드문 둔치에 피어나는 연꽃처럼 환한 미소로 다가가 땀으로 얼룩진 일상을 어루만지는 의지이고 싶다.

살며시 다가가 말을 걸고 누군가의 마른 가슴을 적셔주는 작은 위안이라도 되었으면….

새로운 출구를 찾아 표표히 떠나는 여행 같은 것, 파릇하게 돋아나는 희망 같은 것이 詩일 수가 있겠지만 나에게는 거부할 수 없는 그리움 같은 것이 詩였기에 늦은 출발이지만 아직도 통증을 즐길 시간은 남아 있으리라.

앞으로도 이 황홀한 열병은 어쩌지 못하리라.

나의 서툴고 무딘 감수성을 뽑아주신 심사위원께 감사드린다.

그리고 몇 년 만에 전화를 해도 미안하지 않은 나의 심복지우와 어떤 허물도 탓하지 않고 지켜봐 줄 죽마고우들 얼굴이 보고 싶다.

그리고 너무나 나를 많이 이해해주고 나의 최초 독자인 아내와 기쁨을 나누고 싶다.

보이지 않게 나의 쾌유를 기도하고 계시는 많은 분들께 꼭 밝은 모습 보여 드리고 싶다.

— 월간 『문학세계』 2011년 9월
碧江 오영태 시인 신인문학상 당선소감문

극락왕생 하옵소서…

단공 황의습
시인 · (사)세계문인협회 대구지회장

오영태 소장님,
나는 그대를 사랑하고 존경합니다.
우리는 가슴 시린 이야기를 합니다.
그대는 한 떨기 불꽃이었다지요.
삶을 목숨처럼 사랑했다면서요 .
어진 情은 강물처럼 넘쳤고요.
우리들은 눈물을 글썽입니다.
고운 자태, 섬세한 감성, 화사한 오월 같았다는 님이시여,
사는 것이 밀물처럼 고맙고 아름다워
속으로만 흘린 눈물은 얼마였을까요.
무심한 세월이 하도 서러워서 千金처럼 하루를 아꼈다지요.
인생살이는 언제나 안타깝고 슬픈 고통입니다.
속절없이 지나가는 세월 속에 아름다운 꿈은 흔적이 되어
사람들의 가슴을 어루만집니다.
오영태 소장님.
티끌 같은 세상, 이슬 같은 인생
미련은 저만치 거두고 극락왕생하시옵소서.
나는 당신을 흠모하고 존경합니다.
찬란한 당신의 삶을 간절히 祈禱합니다.

이제 보내주려 합니다

김재곤
교정간부 26기 대표 · 의정부 교도소장

영태 형…

신라고도 경주가 고향이라고 했지.

남산을 바라보며 어린 날 문인이 되는 꿈을 키워왔다고 했지.

크고 작은 산들이 길게 누워 해바라기하는 산골짜기 고향 마을로 천천히 내려앉는 하얀 학처럼 고고하게 살고 싶다고 했지.

별이 촘촘히 박혀 한 줌 걷어내면 주르륵 떨어지는 하늘 맞닿은 동네 어디쯤에 걸터앉아 옛 친구를 그리워하며 생전 그리도 좋아하던 담배 한 개비를 피워 물며 빙긋이 미소를 짓고 있겠지.

교정간부 동기로 만나 28년여 세월을 서로 마음으로 의지하고 격려해가며 지내온 우정인데 말없이 미소만 지으며 거기 있는 겐가.

옛 법무연수원 건물 옥상에서 안주도 없이 소주를 마시고 비벼 끈 담배꽁초에 다시 불을 붙이면서도 우리 동기 모두 정상에서 만나자고 하던 기백은 어디 갔는가.

이제 멀리 보내주려 하네. 우리 기억에서 자유를 주려고.

우리가 놔주지 않아 우리 주위에서 못 떠나는지 자꾸만 생각나고 때로는 못 견디게 그리워 보고 싶어진다네.

예전에 이맘때면 고향 가는 길에 하얀 구절초가 지천에 피어 있었다고 했지.

오래 못 보았던 누이처럼 코스모스는 길가에서 그리도 애처로이 손을 흔들어 주더니.

이제 고개만 돌리고 숨을 쉬어도 고향 내음이 묻어나오는 곳에서 편하게 영면하시게.

선비가 두루마기를 걸친 듯 유유하게 마을 어귀를 지키다가 사뿐히 비상하여 산허리를 한 바퀴 휘돌아 긴 날개를 펼치고 천천히 내려오는 학처럼 고고하게 살다 간 당신의 영혼을 우리는 길이 기억할 걸세.

이 가을 마지막 보내는 제에 붙여

큰 바위

장재구
천안개방교도소 의무과장

시간이 참 빨리도 지나갑니다.

작년 8월 이후, 오영태 소장님께서 저희 개방교도소로 부임하시고 직원들을 가족과 형제처럼 대해주시고 저와도 많은 이야기를 나누시다가 금년 9월 4일 영원 속으로 들어가셨습니다.

다시 보면 시간이 흘러가는 것이 아니라 시간은 가만히 있고 우리가 시간 위를 흘러가고 있는 것을 알 수 있습니다. 저는 육체 가운데, 그리고 시간 가운데 있고 소장님은 지금 제 옆에 계십니다.

의사로서 법무부 의무관은 생소한 분야입니다. 저의 주변에는 의료계에 계신 분들이 많지만 교정국에 들어온 지도 햇수로 7년이 되다 보니 교정국에 계신 분도 여러 분들을 알게 되었습니다. 그중에 오영태 소장님은 저에게 특별히 많은 것을 남기셨습니다.

사랑하는 오영태 소장님께서는 큰 바위처럼 느껴지는 분이셨고 이에 걸맞은 카리스마와 리더십을 갖추신 분이셨습니다. 그러다가 활짝 웃으시면 어린아이와 같이 천진난만하게 보이기도 하셨지요. 가끔

같이 등산을 하며 뒤를 따라 갈 때면, 옛날 어렸을 때 큰 바위 같았던 아버지의 뒤를 따라가는 느낌이 있었습니다.

수용자를 대하실 때도 "당신이나 나나 똑같은 죄인이다. 나는 보호자가 있었고 당신은 충분히 사랑하며 그늘이 되어 줄 보호자가 부족했던 차이 밖에 없었다"면서 수용자에게 보호자를 자처했던 모습이 눈에 선합니다. 사실 수형자나 교도관이나 우리 모두 하늘 앞에서는 미결수입니다.

그분이 남긴 유고 시를 보았습니다.

온통 사랑으로 얼룩진 詩語들, 병마와 싸우면서도 사랑을 하고자 하는 의지의 끈을 놓지 않았던 모습들, 의식을 잃기 하루 전까지도 힘든 병상에서 간호사에게 수고했다는 말을 잊지 않으셨던 그런 분이셨지요.

사람은 사랑을 하는 존재이고 사랑을 하면서 사는 것을 삶이라고 하지요. 그러한 삶을 살려고 애쓰셨던 오영태 소장님, 사랑합니다.

시집의 탄생으로, 사랑하는 남편과 존경하는 아버님을 다시 만난 가족들에게 축하의 말씀을 올립니다.

사랑하는 사모님의 남겨진 생애가 건강하시길, 그

리고 두 아드님의 앞날이 남을 돕는 훌륭한 사회인으로서 자리매김을 할 것을 믿으며, 진정으로 시집의 발간을 축하드립니다.

2011년 10월
천안개방교도소 의료과장 장재구 올림

보고 싶습니다

오남규
경주교도소 교위

가신다는 말 없이 어찌 그리 먼 길을 떠나셨습니까?
어이 이리도 빨리 가신단 말입니까?
아직 저의 가슴에는 모래알처럼 많은 말들이 쌓여 있는데, 삼촌은 그 한마디 말을 할 기회도 주시지 않는단 말입니까?
가슴 뜨겁게 존경한다고 자랑스럽게 가슴에 새기고 있다고 말입니다.

혼신을 다해 평생을 일해 온
교정직을 정년퇴임하는 날도 멀지 않아
그날이면 큰 절을 올리며 하늘만큼 큰 꽃다발을 선사할 맘이었건만,
이리 조카의 마음에 한이 되게 한 송이 흰 국화만 드리는 기회를 주시나이까.

보고 싶습니다.
지금은 어디쯤에서 저희를 지켜보고 계시나이까?
"남규야~! 채형이 이름 정말 잘 지었다."라며,

큰 아들의 이름을 항상 풀이해 주시던 자상한 삼촌!

아들을 보고 있자면 삼촌의 얼굴과 하신 말씀이 자꾸 생각이 납니다.

숙모님의 아픈 다리를 시간만 나면 주물러 주시던 애처가 삼촌!

할아버지, 할머니껜 둘도 없는 효자였던 삼촌!

가시는 며칠 전까지 청장님을 안내하며 마지막까지 일을 하시던 열정적이고 정말 자랑스러운 삼촌!

불러보고 싶습니다.

제 지낼 때 삼촌의 사진을 보고 있으니

"삼촌"이라는 말이 툭 튀어 나옵니다.

참 편안하고 세상을 다 얻은 미소를 머금고 계시더군요.

가신 그곳은 고통도 통증도 없는 곳인가요?

정말 천국이 있는 건가요?

있었으면 좋겠습니다.

그 환한 미소가 남은 저희들의 가슴에 영원히 새겨지게 말입니다.

부디 세상의 짐일랑 모두 저희들한테 넘겨주시고,

평안히 잠드시옵소서.

1부

나무의 마음

2부

나의 詩

3부

나의 사계절

추모의 詩와 글

1부

나무의 마음

철길

너의 지평선에
노을이 깃들 때
같은 쪽을 바라보는
그윽한 눈길이 되고 싶다.

넌 어디에도 없지만
기다림의 밤은
너무 길고 가혹했다.
환하게 다가오는 얼굴이
너였으면 좋겠다고 생각하며

서로가 만날 수는 없지만
검은 기름을 뒤집어쓰고서라도
언제나 가까이 느끼며
함께할 수 있다면
아지랑이 잉잉대는
철길이 되고 싶다.

그리움이 녹아
모든 길을 끊어놓을지라도
너의 지평선에 노을이 깃들 때
같은 쪽을 바라보는
그윽한 눈길이 되고 싶다.

나무의 마음

나뭇잎은
한여름 뜨거운 햇살로
빛 고운 열매를 맺게 하고, 가끔은
지치고 힘든 이들에게 그늘이 되었다가
차가운 밤이슬이 무서리로 내리는 가을밤이면
단 한 번 망설임도 없이
자신을 버리기 위해 길을 떠난다.

그래야 나무는
칼날 같은 겨울을 인내하며
더디게 다가오는 봄을 기다릴 수 있다.

살을 파고드는
통증 하나 없이
어찌 사랑이라 하겠는가.

향기로운 꽃들과 굵은 가지에 새순을 받으려면
푸른 등짝이 시커멓게 멍이 드는
세찬 바람도 맞아야 하리.

안으로 삼키는
눈물 한 점 없이
어찌 그리움이라 하겠는가.

한 시절
온몸 다 바쳐 멍들고 찢어진 이파리들
그 상처까지도 사랑하기 위해
흙으로 돌아가는 길
그리움이 왜 없었겠나.

그 낙엽 흙이 되고
그 흙이 뿌리로 돌아가는 동안
나무인들 어찌 아픔이 없었겠나.

개나리꽃

개나리꽃은 무더기로 피어나야 한다.
초가집 울타리에 피어나든 고속도로 변에 피어나든
온 동네가 한꺼번에 피어나야 한다.

손에 손을 잡고
어깨동무하며
화전놀이 하듯
그렇게 한 시절을 세상에 내놓아야 한다.

지난가을 도타운 햇살이 비켜난 자리에
마지막 남은 잎마저 보내고 난 뒤
가진 것 없는 여윈 몸이라서
여러해살이 풀 취급을 받아서야 되겠나.
겨우내 밟히고 꺾이고
세찬 바람 앞에 쓰러져 누웠다가도
함성처럼 일어나야 한다.

그렇다. 온 숲으로 피어나거나
온 산을 물들이며 피어나야 한다.
응봉산(應峰山) 개나리처럼
비 오는 날 더 눈부시게 피어나야 한다.

언뜻 언뜻 무더기로 피어 있는 것이 아니라
언뜻 언뜻 꽃 빈자리는 바위도 있어야 한다.

혹여 우리들 걷는 길이 팍팍하여 피어나거든
한 십 리 넘게 무더기로 피어나야 한다.
한꺼번에 지천으로 피어나야 한다.

그래야 우리들 가슴에
새싹 같은 물빛이 번지지 않겠나.

紅蓮

이른 새벽
이슬 먹고
물안개에 수줍어
얼굴 붉어졌구나.

깊이 모를 곳에
뿌리를 내리고
지순한 그 미소는
세상을 품었구나.

세상 허물 모두 다
치마폭에 감싸고도
눈물 같은 그리움은
어찌할 수 없었는가.

가는 목 길게 뽑아
몸을 숨겨도
이미 물든 마음인데
어찌 감출까.

아내의 봄

금식통보를 받았다.
아내가 내 밥을 대신 먹는다.
한참을 쳐다보다가
참 맛있게 먹는다고 한 술 거들었다.

아내는 너무 잘 먹어서 미안하단다.
그래도 먹는 데 복이 다 들어 있단다.
먹는 것 빼고 나면 나에게 줄 것이 아무것도 없단다.
밥알을 힘주어 삼키면서 아내가 싱긋이 웃는다.

오늘따라 병상식탁 위에는
아내의 눈물 한 방울과
봄 냄새가 묻어 있었다.

왜 모르시나요

왜 모르시나요.
님이 없는 하루를
왜 모르시나요.
숨을 쉴 수가 없어요.

비 갠 하늘에 뜨는 무지개를 누가 경이롭다 했나요.
강마을에 타는 노을을 누가 아름답다 했나요.

우리가 같이 걸어가던 황톳길도
행복에 겨워 몸을 못 가누던 호숫가 꽃잎들도
많은 이야기를 들려주며 지나가던 대나무 숲 저녁 바람도
저 푸른 하늘을 향해 용트림하며
제왕의 능을 지키던 늙은 소나무도
아무런 의미가 없어요.

님은 왜 모르시나요.
님이 없는 하루를
왜 모르시나요.
숨을 쉴 수가 없어요.

이 가을을

그대 앞에서는
어찌할 수가 없습니다.

한 권의 책을 다 읽고도
머릿속은 명경 알처럼 온통
한 생각뿐입니다.

그대를 향한
고통스러운 이끌림을
바위처럼 짓누르는
이 숨 막힘을

이 가을을
그대 앞에서는
어찌할 수가 없습니다.

아름다운 사람

저만치 한 사람이 있습니다.
저만치 있기에 아름다운 사람입니다.
다가갈 수 없기에 아름다운 사람입니다.

그 음성, 그 눈빛
시퍼렇게 물들어 지울 수가 없습니다.

연꽃에 맺힌 이슬보다
지순한 그리움을 누가 품어본 적 있나요
단풍나무 숲이 아름다운
이끼 낀 돌계단을 걸으며
그렇게 그윽한 눈짓을 누가 받아 본 적 있나요

한 사람을 생각하면서
행복한 한 사람이
여기 있습니다.

너무나 사랑했던
추억이 같은 한 사람이
기어이 저만치 있습니다.

산사로 가는 길목에서

산사로 가는 길목에서
나의 님은 말없이 다가왔습니다.

풀잎에 떨어지는 빗방울보다 친근한 손길로
나의 님은 그렇게 말없이 다가왔습니다.

아, 아닙니다.
그렇게 지독하다는 선암이란 놈이
내 폐부 깊숙이 자리했을 때
나의 님은 가장 강력한 항암제로 나에게 다가왔습니다.

님의 심장 소리는
법고(法鼓)처럼 영혼을 두드리고
님의 향기는 나의 온몸을 감싸고 돕니다.

여름밤이 토해내는 격정의 풀밭
아 거역할 수 없는 님의 눈빛은 이미
많은 전설을 이야기하고 있습니다.

산사로 가는 길목에서
나의 사랑 나의 님은 그렇게
말없이 다가왔습니다.

이 또한 지나가리라

오지도 않을 통화음을 기다리듯이
아직은 오지 않은 봄을 생각합니다.
그것이 사랑이라는 것을
그때는 미처 몰랐음을 자책하며
그저 지나가는 사랑이면 좋겠다고 생각하며

인적 드문 벤치에 앉아
유품을 태우듯 묵은 기억들을 긁어모아 불을 붙입니다.
시간 속 갈피들을 들추어내어 한 장씩 태웁니다.
마른 풀밭에 번지는 불처럼
아무런 매연도 없이
흔적은 또 다른 흔적을 남깁니다.

6월을 닮은 그녀가 그때 이런 말을 했지요.
"우리 오늘 하루 애인하기로 해요."
연꽃이 다투어 아름답던 데크를 지나
우리는 그렇게 손을 잡고 호숫가 황톳길을 말없이 걸었지요.
아무 말도 하지 않았지요. 아무 말도 할 수가 없었지요.
장미 터널과 하늘로 난 길을 걸으며
잡은 손은 놓을 수가 없었지요.

그러나 이제 떠나갈 모양입니다.
나의 사랑, 나의 순수가
떠나갈 모양입니다.

영광된 꽃의 계절아.
꽃잎들도 손을 흔들며 서둘러 떠나갔다.
하루를 다독이며 우리를 쉬게 했던
잎이 넓은 나무들아.
풍요한 시간들도 단호하게 떠나갔다.

사랑이 아무리 독이더라도
도둑처럼 다가오는 봄이 있기에
그저 지나가는 사랑이면 좋겠습니다.

나의 사랑
나의 순수가
까맣게 재가 되어도
새순을 잉태한 뿌리는
지하로 지하로만 향하고
기어이 눈물 같은 수액을 길어 올리고 맙니다.

'이 또한 지나가리라' 함은
오는 봄을 영접하라는 것
아, 모순된 꽃의 노래여.

변산반도

지금 하늘은 많이 아프다.

구멍 난 옆구리로 흉수를 뿜어내고
하얀 시트에 핏물 번지듯
모래밭이 물든다.

오늘 저녁 바다는
서럽도록 아름답다.

눈의 속성

눈이 내린다.
낮에 내린 눈이 또 내린다.
여럿이서 천천히 지상으로 내린다.

눈은 속도를 낼 줄 모른다.
앞서 간다고 시샘할 줄도 모른다.
먼 눈 살피다 뒤처져도 서두르지 않는다.

어쩌다 눈 맞아 한몸 되어도
무게를 더하거나 서로에게 짐이 되지 않는다.
누군가에게 어깨를 내어 주거나
서로를 토닥이며 내린다.

오순도순 지상에 내려앉아
양서류의 겨울잠과 곤충의 알들을 다독이며
고치 속 번데기의 생애를 얘기한다.

한량없이 눈은 내리고
길을 잃고 가슴 콩닥거리는
작은 짐승의 안부가 궁금한 날이면

얼어붙은 땅에 온기를 더해
청보리 새순을 돋게 한다.

저 산등성이에
맨몸으로 서 있는 나무들
부르튼 언 발을 녹여주는 따뜻한 아랫목이 된다.

낙엽이 저렇게 곱게 물든 까닭은

낙산사 저녁 햇살이 죽도록 서러워
낙엽은 저렇게 곱게 물이 들었나 봅니다.

11월에 내리는
소리 없는 무서리에
온몸에 물이 빠지고 사지가 오그라들어도
바닷가 벼랑 끝 가녀린 가지에 아직도
황홀한 자태로 남았습니다.

황금빛 영광의 시간들도
연인들의 뜨거운 심장 소리도
모두가 꽃잎처럼 흩어져 간 자리에
낙엽이 저렇게 곱게 물든 까닭은

어느덧 눈이 내리고
그리움의 무게만큼 절망도 하다가
쌓인 눈의 온기 속에
문득 찾아오는 봄이 있기에

땅으로 돌아가
까맣게 흙이 된다 하여도
단심(丹心)으로 키워온 사랑을 어쩌지 못해
한 잎 타는 노을로 남고 싶었나 봅니다.

선암에게

아무런 소식도 없이
어스름 저녁 도둑처럼 찾아온 벗이여.
한날한시에 태어나진 않았지만 어차피 우리는
한 세상 함께해야 하는 동반자임을 나는 알겠네.

가시처럼 싸늘한
독을 심어 자리했지만
그대를 원망하지 않았네.
그대를 피하거나 달아나지도 않았네.

회색빛 나뭇가지들이 푸르게 물이 드는 4월
아, 가슴 흥건하게 번지던 그 산 빛이 얼마나 아름다운지
그대는 나의 눈을 환하게 뜨게 해주었네.
비에 젖은 개나리꽃의 함성
그리움에 떨고 있는 연꽃들의 숨소리

만남의 고통이 얼마나 행복한지
헤어짐이 얼마나 위험한 약속인지
이젠 알 것 같네.

모든 것을 바꾸어버린 벗이여.
내가 바라지 않아도
마지막 열정을 발산하는
변산반도의 석양처럼
때늦은 사랑을 장식해주게나.
황홀하게…

늘 한발 늦게 하는 말

어느 날
네가 떠난 뒤
비로소 철없음을 안다.

늘 한발 늦게 깨닫는
그것이 문제지만 그래도 사랑이다.

네가 떠난 후에 하는 말이 사랑이다.
사랑할 때 하는 말이 아닌
네가 떠난 그때에 하는 말이 사랑이다.

늘 한발 늦게
비어 있는 자리에 하는 말이 사랑이다.
목구멍 속으로 삼키며 하는 말이 사랑이다.

가끔 지나가는 바람이 늑골을 파고들 때
보석 같은 눈물 한 방울
짜내어 하는 말이
사랑이다.

2부

나의 詩

기린

향기로운
가시나무 새순을 뜯는
너의 선한 눈빛을 생각하지만
언제나 우아한 너의 기품을
흉내 낼 순 없으리라.

긴 기다림 끝에
너의 원시림에
도리 없이 갇히어도
뒤돌아보지 않는 단호함은
본래 너의 것이 아니란 걸 알기에

상처 입은 한 마리 짐승도
푸른 너의 영혼을 좇고 싶을 뿐
너의 눈물을 훔칠 수는 없으리라.
너의 사랑을 탐할 수는 없으리라.

사바나의 날짐승도
세렝게티의 포식자들도
부끄러운 너의 처녀지를
범할 수는 없으리라.

바람이 내게 다가와

바람이 내게 다가와 말해 주었네.
무엇이든 제 속 다 비워낸 후에야
또 다른 무엇이 될 수 있다고

오동나무는
스스로 속을 비워내고
속울음 다 마른 후에야 비로소
악기가 되어 우리들 마음을 두드린다고
깊은 계곡 비탈에 서 있는 늙은 참나무도
딱따구리에 제 심장 다 쪼인 다음에야
작은 산새 세 들여 외로움 달랜다고
일찍이 속을 다 비운 대나무는
바람구멍 몇 개 숭숭 뚫린 퉁소가 되어서야
맑고 맑은 소리로 세상과 소통한다고

우리도 이제
이기적인 언어들을 내려놓고
시은(市恩)의 자비도 연민의 손길도 내려놓고
그런 후에 눈이 시린 가을 하늘을 한번 바라보라고

마지막 남은 이파리마저
미련 없이 떠나보낸 후
나무는 겨우내 윙윙거리며 울음 울지만
때로는 그리움도 다 내려놓고 가라고

바람이 내게 다가와
지금이 아니면 안 된다고
주저하고 머뭇거릴 시간은 없다고 하네.

이제야 조금 알 것 같네.
갈대가 왜 바람에 흔들리며 서 있는지.

6월

꽃이 피었다는
기별도 없었는데
일렁이는 바람 한 점 없는데

감꽃이 마당에 뚝뚝 지는 날

한 마리 우아한
초록 나비나 될까

시퍼런 날개 희뜩희뜩 뒤집으며
울타리에 흐드러진 넝쿨 장미 위에
후드득 내려앉아 볼까

뜨끈한 바람이 쏴아아
소낙비처럼 밀려오면
아무도 모르게
꽃잎이나 황홀하게 흠뻑 적셔줄까

날카로운 가시에
핏물 뚝뚝 흘리며
절정을 향해 한번 치달아 볼까

나의 詩

나의 詩는
늘 헛기침을 하며
빈 뜰에 서성이는 바람이다가

어느 비가 몹시도 오는 날
주인집 문패 옆에서 용케도 지탱해왔지만
결코 타협할 줄 모르는 나의 詩는
또 한 번 나를 배반하고

잿빛 포도 위에서
각혈을 하며
그 긴 시간을 잔인하게도
돌아오지 않았어.

나는 아직
나의 詩의 본명과 정체를 확인하지 못했어.

현저동 101번지

오늘밤 가득한 저 달빛은
어느 방 창틀을 닦고 있는가.

작부처럼 취한 현저동 하늘
짐승처럼 웅크린 도시에서
오늘밤 가득한 저 달빛은 어느 방 창틀을 닦고 있는가.

오늘의 이 적막만큼
허리를 파고드는
時代의 業報여.
허기진 瞳孔으로
刑場을 지키고 선 늙은 미루나무여

오늘 밤 눈이 맑은 아이들을 잠재우고
마지막 향불 사르는 女人의 기침소리
멈추게 하라.

어머니의 바다

I

가면 만나리라
나는 새도 건너기 힘들다는 玄海灘
그 왜놈들 북새통에도 아버지 찾아
용케도 어머니는 연락선을 타셨다지요.

어머니는
눈이 시리게 푸른 바다를
그때 처음 보셨다지요.

잡초 같은 운명 앞에서
조국이니 사상이니 이념이니 하는 말들은
어머니는 차라리 모르는 것이 나았지요.
죄 없는 자는 그렇게 살아야 했지요.

세상에 나오면
후리치기* 잡혀 갈까봐
지하실에서 다락방에서 부두 하역장에서
골 깊은 산판에서
고물장사 밥장사 막노동하며

아 그 무슨 목숨 같은 인연이던가.

어느 마음씨 좋은 주인집 다다미방에서
큰 아들 낳으시고

그때 마을 사람들이 너무나 좋아했다고
어머니는 이웃 사람들의 인정을
못내 잊지 못해 하셨지요.

*후리치기 : 강제징용을 뜻하는 경상도 지방 속어

Ⅱ
아, 한 많은 반도 땅
그 긴 어둠을 헤치고
함성처럼 새날은 밝아 왔건만
이념으로 갈라선
南과 北

어둠이 깔리면
뒷산 토굴에서 빨치산이
산 그림자처럼 마을로 스며들어
밥 해 달라 떡 해 달라 닭 잡아 달라 총부리 들이대고

낮이면 지서에서 부역했다고
아버지를 불러 갔지요.

하루도 빠짐없이
지서 담장 밖에서는 비명소리가
솜바지에 피가 튀는 비명소리가 들렸지요.

있는 대로 팔아서 순사에게 바치며
사시나무 떨듯 사시나무 떨듯
그렇게 살아 오셨지요.

사슴 같은 두려움으로
죄 없는 자는 또
그렇게 살아야 했지요.

Ⅲ

일곱 살 난 큰아들은
사랑방 봉창 너머로 불꽃놀이 구경하듯
밤하늘에 날아가는 총알을 헤아리고

사회주의 몽상가 외삼촌은
소총을 안방구석에 세워놓고
토굴 가기를 거절하시는 아버지에게
"자형도 이젠 죽을 때가 되었구먼…"

저녁상을 들고 가시던 어머니
그 자리에 발이 얼어붙고
그때는 핏줄이
그렇게 무서울 수가 없었지요.

그래도 어머니는
너의 외삼촌이 안 죽고 살아 있다면
아마 한자리 크게 했을 거라며
한 세월 지난 후에도
어머니는 애써 먼 산을 바라보셨지요.

Ⅳ

그 무덥던 여름날
간고등어 한 손에 허기지던 오뉴월
어머니는 고단한 하루를 머리에 이고

저녁이 다 되어서야 돌아 오셨지요.

소 발자국 깊게 패인 시장 가던 길
그 길에 주름살은 늘고
큰아들 자라서 군대 보낸 뒤
월남 전쟁 일어나 그때 그 바다를 지나
장병들이 떠나갔지요.

캄캄한 새벽녘
이슬 길 더듬어 정화수 받쳐놓고
큰아들 지켜달라며 장독대에 고개 숙인 그 이마
山처럼 깊은 주름이 지고
태산보다 깊은 신앙이 되었지요.

V
그때 그 바닷가
모래밭이 보고 싶다고
부산에 가면 미역 파래도 따보고
모래찜질도 한번 하고 싶다고 하셨지요.

아직은 아니 가시겠다고
다음에 그 바닷가에 한번 같이 갈 형편이 되면

신경통에 좋다는 그 모래찜질 한번
실컷 해보자고 하시더니
손마디가 다 닳도록 누벼 오신
忍苦의 時間들을 어찌하라고
이 세상 서둘러 하직하셨나요.

누구보다 핏줄을 그리며
핏줄이 두려웠던 어머니
서녘 하늘 고운 노을이 근심되어
어찌 떠나셨나요.

이제는 더함도 모자람도 없는
어머니의 바다에서
모든 짐 다 부려놓고 계시는지요.

어머니!
山脈처럼
등이 휘어지신 어머니!

病床日記

Ⅰ. 쾌유 화분

꽃이 다발로 핀 심비디움 분 한 개가
직원 일동 명의로 배달되었다.

2년 전 집도를 맡았던 흉부외과 교수님이 회진을 하며
"무슨 큰일 하셨다고 이렇게 큰 것을 보내셨나."

그렇다. "病苦로서 良藥을 삼으라"했는데
그래도 무슨 큰일 한다고
호들갑을 떨었구나.

Ⅱ. 나는 幸運兒다

중부내륙 고속도로 하행 길
산에는 4월의 연한 녹색이 먹물처럼 번지고 있었다.

운전을 하는 아내 옆으로
비껴 물러나는 산 빛이
왜 그렇게도 아름운지 처음으로 느껴보았다.

수술을 하고 난 후
나는 왜 이렇게 기분이 좋은지
세상이 왜 이렇게 아름다운지 이상한 일이었다.
전에는 느껴보지 못했던 일이었다.

아무래도 나는 幸運兒인 것 같아
"오늘은 산이 참 아름답네."라고 하자

그간 당신이 미처 보지 못했을 뿐이라고
아니면 당신에게 보이지 않았을 뿐이라고
산도 그대로이고 세상도 그대로인데…

지금도 오는 봄을 생각하니 가슴이 뛴다.

Ⅲ. 아름다운 사람

— 레지던트 안 선생에게

레지던트 안 선생님
당신은 아름다운 사람입니다.

당신을 마주하는 시간은 행복입니다.

여윈 내 무릎에 한 손을 얹고
연인처럼 얼굴을 가까이하여
진지하게 경청하는 당신은
아름다운 사람입니다.
어린아이의 투정을
다 받아주는 젊은 엄마같이
당신은 아름다운 사람입니다.

이른 새벽 잠든 병상을 돌며
안부를 확인하는 당신은

Ⅳ. 불신

나의 폐부에 자리했던 腺癌을 도려낸 자리에 물이 차고 암세포가 발견되었다. 胸膜癒着術을 하고 항암치료로 공격과 방어가 계속된다. 彼我가 손상이 크다.

더 이상 암이란 놈이 위협하지 않는다면 이왕 자리한 놈인데 남은 생의 벗으로서 한 생을 같이하면 좋으련만, 아직은 그놈에 대한 믿음이 모자란다.

아, 넘을 수 없는 不信인가

옥현 저수지

밤새도록
몸살을 앓다

이른 새벽 토해내는
물안개의 함성

수줍은 홍련이
사~알짝 고개 내민다.

손금을 타고 흐르는
온기
......

걷고 싶다
황톳길 2002m.

歸巢曲

나 이제 돌아가겠네.
걸친 허물 다 떨치고 나 이제 돌아가겠네.

나 이제 돌아가겠네.
하얀 구름 드문드문 그늘 집을 지으면
말없이 머물다 흔적 없이 떠나겠네.

달아나는 짐승을 쫓을 일이 있겠나.
날아가는 산새가 부러울 리 있겠나.
잘 생긴 굴참나무와 관목들의 숲 속엔
햇살이 황금 화살로 꽂히고 조금은 미안치만
깊은 계곡 석간수에 몸을 담근들 누구 있어 말하겠나.

한 편의 가난한 시를 쓰며
텃밭 하나 일구고 살겠네.
해 질 녘 토담 옆엔 혼자서 키가 크는 해바라기
밤이면 달빛에 물든 박꽃이 있으면 좋겠네.

맨 나중 내가 누울
한 뼘의 황토 언덕
그저 용트림하는 소나무 있어
해묵은 잔가지에 달이 뜨고
소낙비처럼, 소낙비처럼
댓잎 바람 불어와 선잠 깨울까 염려되네.

寂滅

바람조차 풀잎에 숨었다.
보리 익는 냄새가 숨이 막힌다.
처마 밑 서까래 사이로 쥐 한 마리가 화급히 달아나고
잠시 후 노란 옆구리의 유선을 남기며
커다란 뱀 한 마리가 그 뒤를 쫓고 있다.

하얀 구름조각
대나무 마른 가지 위의 꽃잠자리도 숨을 죽였다.
한순간에 쥐는 나뭇잎처럼 마당에 떨어져
가늘게 몸을 떨다가 움직이지 않았다.
뒤따라 허공을 가르며 그놈이 내려앉았다.
둔탁한 소리를 내며
고개를 쳐들어 갈라진 혀로 쪽빛 하늘을 한 번 마시고는
눈앞의 먹이에는 관심이 없는 듯 외면해 버렸다.

그놈에겐 초식동물의 뿔은 애당초 없었다.
감추고 있는 송곳니도 없었다.
아마 쫓기는 자보다
쫓는 자가 되기 위한 그놈의 거동은 너무나 당당하여
맨 처음 이 땅의 주인인 양
지상의 모든 생명을 압도하였다.

황금 갑옷으로 치장한 그놈의 등줄기 위에서는
햇빛조차 물구나무를 서고
순간의 떨림이 있었을 뿐 나는 아무것도 하지 못했고
아무 일도 일어나지 않았다.

남을 의식하지 않는 그놈은
모가지를 크게 들어 나를 한 번 쳐다보고는
점잖은 걸음걸이로 천천히 담 구멍 속으로 꼬리를
감추었다.

토담 위에는 말없이 감꽃이 지고 있었고
아무 일도 없었다.
아! 고독한 지하의 왕자여!
가거라! 이젠 너의 꽃밭
너의 궁전으로!

나의 血布施

주말에 아내가 왔다.

모처럼 귀한 손님으로 대접하고 싶었다.

나는 내 방식대로 음식을 장만하여 아내에게 한 상 내밀었다.

차려주는 밥상에 아내가 그렇게 좋아할 줄은 몰랐다. 익숙한 솜씨로 설거지까지 끝냈다.

할 일을 했다 싶어 자리에 앉았다.

그때 벽에 붙어 있던 모기 한 마리가 아내에게 적발되고 말았다. 나의 血布施로 몸이 무거웠던 놈이다. 아내의 손바닥에 철퍽 잡히고 말았다. 아직도 생선 한 마리 제대로 만지지 못하는 손이지만, 가볍게 피하질 못하고 피를 튀기며 그놈은 처참한 최후를 맞았다.

좀 성가시긴 했지만 가끔은 나의 벗이 되어 주었던 놈이다.

날지 못하면 죽어야 하는 것이 그놈의 운명인 것을,
아차, 한 생애를 탈 없이 누리려면
사람이나 모기나 몸을 가볍게 해야 하는 것을
내 알려주지 못했구나.

개미들의 잔치

어느 비 갠 아침
책보자기 어깨에 메고 초등학교 가는 길,
등교에 늦을까 봐 아픈 배 움켜쥐고 뛰어 본 적 있는가.

그때 알 수 없는 이끌림에
범행현장을 다시 찾은 범인처럼
가던 길 멈추고 뒤돌아 가본 적 있는가.
그 황톳길에 늘어선 장엄한 축제의 행렬을 본 적 있는가.

숨이 턱에 차는 茶馬古道 언덕을 오르듯
五體投地하는 수행자의 행렬
그들만의 관습과 치열함으로
내일을 향해 한 발 한 발 느리게 나아가는
지상에서 가장 성실한 생명들!

그대는 그들을 무심코 밟고 지나가 본 적 있는가.
그 힘든 진지 이동에도 몸부림치는 부상병을 포기하지 않는
대장정을 본 적 있는가.

아 그 후로도 오랫동안
본의 아닌 生滅에 가슴 아파 본 적 있는가.

白虎의 아침

— 禱蔭山에서 호미곶을 바라보며

기지개 한 번 켜니
새 하늘이 열리고
꼬리 한 번 흔들어
빛을 길어 올리더라.

咆哮 一聲에 쇳물이 녹아
고개 돌려 응시하는 잔등 너머로
끓는 해가 솟더라.

海神의 북소리 들리는 듯
사람들은 고개 숙여 두 손을 모으더라.
심장은 뜨겁게 다시 뛰더라.

3부

나의 사계절

가을에 내리는 비는

가을에 내리는 비는
먼 산 빛을 따라
인적 드문 작은 길을 적신다.

가을에 내리는 비는
탁자가 두 개 뿐인
마을 주점을 적신다.

쭈그러진 주전자와
큰 술잔을 적시고
어깨가 넓은 친구의 이마를 적신다.

모든 것을 버림으로
소유하는 이 시간
나무들도 내리는 비에
잎을 다 내려놓았다.

산을 닮아 언제나
말수가 적은 친구야
큰 잔 잡아 권할테니 내 잔 좀 채워주게.

가난한 사랑

우리 집은
밤새도록 절망한다.
아내가 절망하고
아내가 사온 국화 세 송이가 절망하고
우리의 가난한 언어가 절망한다.

아내여, 늘 그랬던 것처럼
봄 오면 새순 나고 꽃 피는데
한 송이 꽃의 의미를
알지 못한다고
어찌 슬퍼할 일이더냐.

늘 그랬던 것처럼
그대에겐 내가 있고
나에겐 그대가 있는데
그윽한 달밤에 잎이 진다고
어찌 슬퍼할 일이더냐.

마지막 조락(凋落)의 음성을
우리 결코 해명하지 못할지라도
등줄기에 땀을 흘리며
우리의 고전이 절망할지라도

어찌 슬퍼할 일이더냐.

우리의 가난한 사랑보다
더 위독한 것은
절망을 모르는 저 거대한 도시

아내여, 언제나 내 편인 참한 아내여
우리가 절망할 수 없을 때
도시보다도 더 절망적으로
그때에 슬퍼할 일이다.

지금 이 시간

오늘은 친구라도 만나고 싶다.
만나서 얘기하고 싶다.

살아 있는 모든 것을 위해
우리들의 가난한 사랑을 위해
또는 절망하는 모든 것을 위해

지금 이 시간
고운 저녁놀을 펼쳐놓고
오늘 하루를 마감하는 일몰을 위해

텅 빈 논둑길을 걷다가
조그만 주막이 있으면
큰 그릇에 농주 한잔 들이켜고 싶다.

오늘 저녁에는

오늘 하루를
사랑한 사람아

오늘 저녁에는
슬픔처럼 하늘이 취했더라.

그대와 내가
비워 놓은 이 시간

내가 그대의 누구인지
그대가 나의 누구인지는 묻지 말자.

기름진 대지는 그대 향기로 가득하고
구름에 흐르는 달은 그대 얼굴 닮았는데

오늘 저녁에는 슬픔처럼
강물마저 취했더라.

사랑은

님에 대한 생각으로
온 세상이 아름답다면 그것은 사랑입니까?

님에 대한 생각으로 하루 종일 아무것도 할 수가 없다면
님에 대한 생각으로 온밤을 하얗게 지새운다면
그것 또한 사랑입니까?

님에 대한 생각으로 너무나 행복하다면
님에 대한 생각으로 너무나 행복하여 두려워진다면
그것 또한 사랑하기 때문입니까?
너무나 사랑하기 때문입니까?

사랑하면서
헤어짐을 염려하는 건
너무나 사랑하기 때문입니까?

사랑은
사랑하는 사람들의
행복한 고통입니까?

님께서 떠나신다면

님께서 날 떠나시겠다면
나는 님을 보내 드리겠어요.

만약에 님께서
나로 인하여 힘들어지신다면
그때도 님을 보내 드리겠어요.

어느 날 님께서
잊어 달라 하신다면
그냥 님만을 추억하겠어요.

내 삶의 가장 중요한 순간에
내 마음을 온전히 장악한 사람은
이 세상에 단 한 사람밖엔 없었으니까요.

먼 훗날 님께서
날 떠난 후에도 나는 같은 말을 하겠어요.
님은 내 인생의 가장 소중한 사람이었다고

님이 떠난 후에도 나에게는
님밖엔 없었다고…

나의 사계절

나의 푸르던 젊은 날
당신은 나직한 미소로
언제나 나와 함께 해주었다.

희망의 끈조차 잡을 수 없을 때
주위의 사늘한 눈짓조차 안으로 삭이며
오직 당신은 나의 든든한 사계절로 남아 주었다.
이기적이기만 했던 나
아무도 쉽게 선택할 수 없는 길을
당신은 말없이 나를 따라나서 주었다.

비가 새는 오래된 집에서도
구김살 없는 아이들의 해맑은 꿈을 생각했다.
내일에 대한 불확실함으로 마음이 흔들릴 때면
당신은 나의 두 손을 꼭 잡아주었다.

어느 날 아침
아이들의 구멍 난 양말을 신고 출근했던 흐뭇한 기억을
먼 훗날 같이 추억할 수 있을 그날을 생각하며

나 한 사람 있어
멀리서도 행복해 할 수 있는 사람은
오직 당신뿐

우리가 살면서
가장 소중한 것에 대해 잊고 살듯이
우리의 사계절이 함께한다는 사실조차
어느덧 잊고 살 때가 있다.

바다 그리고 女人

바다는 누에처럼 저녁을 갉아먹고
위독한 하루가
그대로 姦淫당한 모래밭

검은 想念의 뗏목들

여인들이
꽃잎처럼 바다에 뛰어 든다.

死刑囚와 矯導官

매미가 목을 길게 빼기 시작하는 어느 여름날
刑場 앞에 서 있는 미루나무도
그저 망연히 오늘의 역사를 지켜볼 뿐
그날은 바람 한 점 일으키지 않고 있었다.

저만치서 통용문을 지나
하얀 韓服을 단정하게 차려입은 사형수 한 명이
흰 장갑을 낀 두 명의 교도관에게 동행되고 있었다.
순간 나는 그가 누구인지를 본능적으로 알 수 있었다.

교도관 초년생인 나는
속으로 그를 롬부로조라고 불렀다.
곱슬머리와 앞뒤로 튀어나온 두개골 때문만은 아니었다.
그는 매사에 시시비비로 하루 일과를 때우고 있었다.
하루도 타인을 힘들게 하거나 절절매게 하지 않고는 성이 차지
않는 것 같았다.

한 걸음 한 걸음
그가 점점 가까이 다가오고 있을 때
나는 많은 상념에 사로잡히고 있었다.

그래도 오늘은 마지막인데
그의 모습을 한 번 보아야 하지 않나.
오늘 같은 날은 그가 또 무슨 말을 할까.

그때 나는 늙은 미루나무 뒤로 몸을 감추고 있었지만
얼떨결에 그만 그와 시선을 마주치고 말았다.
사형장 문턱을 밟으려던 그가 언뜻 돌아서며
"주임님" 하고 나를 호명했고
나는 자석에 이끌린 듯 그에게로 다가가고 있었다.

우리는 그렇게 악수를 하고 포옹을 하고
서로의 눈빛을 교환하며 말 없는 말을 많이 나누었다.
그런 후에도 그는 무슨 마음이 남았는지
잡은 손을 한참 동안 놓아주지 않았다.

"아버지,
아니 주임님은 그동안 저에게 아버지였습니다.
그간 너무 힘들게 해 드려서 죄송합니다.
어린 자식이 아버지에게 부린 어리광이나
투정으로 받아주셨으면 좋겠습니다."

이 무슨 가당찮은 작별인가.
10년 이상 연상인 그가
어찌 나의 아들이 된단 말인가,
이 무슨 기가 막힌 일인가.
그가 나를 아버지로 생각했다니

그날 하늘은 너무나 파랬고 눈이 시렸다.
그 후로도 한참 동안
나는 그저 그에게 많이 미안했다.

나는 그를 볼 때마다
롬부로조에게 동조하게 되었고
구닥다리 生來的 犯罪人을 떠올리곤 했었는데
분명 먼지 묻은 낙엽처럼
性善說은 빈껍데기 같았는데.

그의 마지막 말은
그 후로도 오랫동안 남아 있었고
일상이 먹먹하고 버거울 때
신앙 같은 믿음으로 다가왔다.

지금까지도 나의 근성은
그가 남긴 마지막 말이다.
사람에 대한 희망 같은 것, 교도관의 믿음 말이다.

일찍이 그와의 만남은
나를 가장 힘들게 했지만
운명 같은 그와의 만남은
나의 모든 삶의 지표를 바꾸어 놓았다.
나에게 던지고 간 그의 마지막 말 한마디가

산

山아.

너는 너무 높아

솔잎바람 시나브로 일어서는 벼랑에

맨 처음 달빛으로 한 송이 꽃을

피우고 또 지우며

작은 새 홀로 울음 깨는

山아.

오늘 저녁 찾아오는

白衣의 손님 있어

차라리 너의 이마 위에

초승달 심어 놓았네.

望夫石

솔바람 산새 소리에 千年을 지켰구나.
빈 가슴 풀물 들어 바람머리 밟고 서서
山頂에
선 고목조차
님을 향해 누웠구나.

달빛보다 푸른 눈썹 밤이슬이 더욱 찬데
심곡의 눈먼 부엉이 격정의 붉은 울음
불면의
밤 노루 되어
잠든 바다 굽어보네.

님이 탄 말발굽 소리 들릴 듯도 하건마는
해무리 달무리에 千年이 저물었네.
서러운
산 빛 깨뜨려
빈 배라도 띄울거나

雉岳山 日記

山 딛고 구름 타니 여기가 어디인가
비로봉 石塔 높아 그림자도 숨었는데
어스름 저녁달이 벗인 양 뒤따르네.

온갖 生命 키워내고도 안으로만 품었구나.
이만치서 바라보니 帝王처럼 외롭구나.
시시한 是非 떨치고 너를 함께할까나.

致述嶺曲

— 달의 戀歌

부엉이 울음 따라 산그늘 내려앉으면
은백색 연서인가 거역 못할 몸짓이여
외로 난 길에 서서 그림자만 길어라

두견화 붉은 향기 아홉 골에 스며들어
풀밭은 나직한 오열을 토하는데
차라리 칠흑 그믐밤이 서러워서 좋아라

작은 사람

비가 오면 비를 맞고 걸어갈 거야
바람 불면 바람 맞서 뛰어갈 거야

가다 지쳐 쓰러져도 떨쳐 일어나
우리 모두 내일 향해 함께 나가자

내가 그리 작을 수는 없지 않느냐
넘어서지 못할 것이 그 무엇이냐

가다 지쳐 쓰러져도 다시 일어나
비에 젖어 보는 것도 좋지 않겠나

태산 같은 먹구름이 몰려 온대도
우리 모두 저 벌판을 뛰어가 보자

가다 지쳐 쓰러져도 떨쳐 일어나
우리 함께 내일 향해 맞서 나가자

가족이 있기 때문에

동현아!

모든 것이 힘든 줄 안다.

몸 관리, 컨디션 조절 잘하기 바란다.

너의 지혜와 전력투구하는 집중력을 믿으면서도 걱정이 앞서다 보니 아버지로서 또 가족으로서 염려하는 마음으로 이 글을 쓴다.

이 세상에서 가족이란 단어만큼 가슴 뭉클한 말도 없을 것이다.

가족은 때때로 뭉클한 감동과 에너지로 다가오기도 하지만 작은 일에도 크게 놀라거나 상처를 받게 될 때도 있단다. 아주 사소한 일에서부터 앞으로 다가올 미래에 관한 크고 작은 일까지 같이해야 하는 것이 가족이기 때문일 것이다. 각자가 자기의 역할을 자기의 위치에서 제대로 해낸다면 그 가정에는 항상 건강하고 밝은 웃음이 그치지 않겠지.

그러나 세상에는 마음대로 뜻대로 안 되는 일이 있을 수가 있지. 그럴 때 좌절과 절망으로부터 지켜주는 울타리가 가족이라고 생각해.

부족한 것이 있으면 서로 채워줄 수 있는 것도 가족이요, 서로 넘치지 않게 비워줄 수 있는 것도 가족이라 생각한다. 이 세상에서 아무리 어려운 일도 가족이 있기 때문에 헤쳐 나갈 수 있고, 아무리 힘든 일도 가족이 있기 때문에 이겨낼 수 있는 힘이 생긴다고 생각해. 아무리 암담한 현실이라도 희망의 끈을 놓지 않았던 기적 같은 이야기와 내일을 믿으며 희망을 가꾸어 낸 이야기들이 모두 가족이 있었기 때문이 아니겠니.

좌절하지 않고,
절망하지 않고,
쉽게 포기하지 않고,

할 수 있다는 긍정의 힘과 믿음만 있다면…
희망과 용기를 끝까지 포기하지 않는다면…

가족이라는 든든한 울타리만 있다면…….

2010년
천안에서 아버지가

도현에게

언제 그놈이 나의 폐부에 들어왔는지 알 수 없지만 그놈을 수술로 제거하고 너의 엄마가 운전하는 차를 타고 내려오면서 너의 편지를 읽어보았다.

도현이도 이젠 생활전선에 뛰어들어야 할 날이 얼마 남지 않은 것 같구나.

사람들이 다른 말도 많은데 '생활전선'이라는 전투적 용어를 사용하는 것은 우리의 현실이 그리 만만하지 않기 때문일 것이다.

진솔한 마음을 몰라주는 친구에게 섭섭할 때도 있고 끊임없는 험담으로 헐뜯는 경쟁자도 있을 수 있지. 이들에 대해 섭섭한 마음이나 미워하는 마음, 또는 원망하는 마음을 갖기보다 나를 단련시켜주는 진정한 경쟁자로 바라볼 수 있어야 하겠지.

가슴을 크게 열고 심호흡 한 번 하고 보면 이 모두가 자신을 넘치지 않게 매사에 신중하게 처신해야 함을 일깨워주는 자들인 것을… 때문에 자신의 균형감각을 지켜주는 중심추 역할을 하는 진정한 벗으로 여길 수도 있는 것이지.

적대적 관계를 동지적 관계로 바꿀 수 있는 지혜가 바로 이런 것이 아닐까.

그래서 "나를 가장 힘들게 하는 자가 나의 경쟁력을 높여준다"라는 말이 있지 않겠냐?

아버지는 이번 수술 과정을 거치면서 이렇게 충격적인 병마를 마주하지 않았다면 앞으로 또 얼마나 더 어리석은 만용을 부렸을지, 조상이 물려준 소중한 육신을 또 얼마나 혹사시켰을지 두려움이 앞섰단다.

"몸에 병이 없으면 탐욕이 생기기 쉽나니 병고로서 양약을 삼으라"는 말이 있듯이 앞으로는 새로 태어난 마음으로 좀 더 베풀고 배려하면서 한곳에 집착함이 없이 관조하면서 살아야겠다고 다짐했지.

한 번 아프고 나서야 차창 밖으로 보이는 모든 사물이 새롭게 보이고 아름답다는 것을 처음 느껴 보았단다.

'한 번도 남의 마음을 아프게 한 적이 없는 나에게 왜 이런 병이 생겼을까' 라는 생각보다는 '나는 운이 참 좋았다. 나는 행운아다' 라는 생각이 들면서 자꾸만 기분이 좋아지더라.

도현아!

'풍부했던 상상력과 열망이 점점 구체화되면서

작아져간다고 해서 꿈이 사라져가는 것이 아니고 성숙되어 가는 과정' 이라고 하듯이 뜻대로 마음대로 생각대로 다 이룰 수 있는 사람은 아무도 없을 거야. 되는 일보다는 안 되는 일이 더 많을 수도 있고….

아산병원 1층 로비 故 정주영 회장의 흉상 옆에 "시련은 있어도 좌절은 없다"라는 말이 새겨져 있더구나. 현대중공업과 현대자동차 등 우리나라의 산업화를 이끌어온 영웅적인 행적을 살펴보면 상상하기 어려운 난관과 역경이 함축적으로 표현되어 있기에 어떤 작가의 명문장보다도 감동적이었지.

살다 보면 때로는 길을 잃고 헤맬 때도 있고, 캄캄한 절벽 앞에서 좌절을 느낄 때도 가끔 있지만 이런 난관을 이겨낼 수 있는 힘은 스스로에게 엄격하고 매사에 정도를 걸어 왔다고 자부할 수 있을 때 자신감과 용기가 생기는 법이지.

스스로 떳떳하고 부끄러움이 없기 때문이지. 설사 억울한 모함으로 회복하기 어려운 상처를 입더라도 가슴에는 담담한 용기가 느껴질 것이고 불의와 위선으로부터 언젠가는 세상에 확인될 것이기 때문이지.

그래서 "정도를 걷는 자는 두려움이 없다"고 했거든. 그리고 스스로 엄격하지 못하여 방향감각을 잃어버리면 다른 사람의 간섭과 명령을 받을 수밖에 없는 법이지.

도현아.

무엇을 하든 최고가 되려고 하지 말고 최선을 다하는 자세가 중요하다고 생각한다. 절차와 과정을 무시하고 최고만을 추구하다가 추악하게 추락하는 사람들을 너도 많이 경험했을 것이야.

결과가 더디게 올지라도 최선을 다해 이루어 낸 것은 탄탄한 믿음을 얻을 수 있기에 더 큰 보람과 성장을 기대할 수 있지. 아무리 좋은 뜻과 목적을 가지고 있다 하더라도 절차적 정당성을 무시하거나 결과물에 집착한 나머지 추진 과정에 무리가 있으면 그 성과를 인정하려 하지 않는 것이 세상의 인심이지.

도현아.

아무리 바빠도 건강관리만큼은 게을리해서는 안 돼.

식사는 제때에 거르지 말고 꼬박꼬박 챙겨 먹도록…

건강을 잃으면 정신력도 집중력도 지구력도… 결국에는 친구마저도 멀어져 가는 거지. 모든 것을 잃게 되지. 건강한 몸과 정신으로 최선을 다해 정도를 걸어가면 네가 하는 모든 일은 지혜롭게 성취될 것으로 아버지는 믿는다.

너의 앞길에 항상 행운이 함께하길 빌며, 그럼 이만 줄인다.

2008년 5월 8일 저녁
울산에서 아버지가

추모

추모의 詩와 글

황혼의 숲길에서

단공 황의습
시인 · (사)세계문인협회 대구지회장

가만히 귀 기울여 보라.
황혼이 깔리는 고요한 숲 길,
새들은 둥지를 찾아 날개를 퍼덕거리며
키 작은 자작나무 가지 위로 날아오르고
어둠을 기다리는 부엉이의
한낮 찬란한 태양을 그리워하며 부르는
사모(思慕)의 울음노래.
그리고 떠나는 가을을 서러워하며
대지(大地) 어머니의 품에 안기는
지는 낙엽의
처연한 몸짓소리.

가만히 귀 기울여 보라.
되돌아가는 자연의
저 외롭고도 고귀한 노래들—
이제 그대 또한 돌아가야 할 황혼의 숲길에서
바람 따라 흩어질 윤회꽃 되어,
새벽을 기다리는 애증(愛憎)의 노래를
남몰래 부르며
사계(四季)
번뇌의 강을 홀연히 건너가야 하리.

이별 꽃

가실 때에
내가 울지 않으리라는 것을
그대는 알고 있으리라.

바람 몹시 부는 밤에
별 따라 피어나
그 고운 꽃씨 흩뿌리며
한마디 언약도 없이 잠들어간
나의 야속한 꽃이여.

먼 후일
이승으로 되돌아오는
눈물의 강가에
그대
다시 꽃이 되어 피어나면
그날에 나는
그대 슬픈 밤의 길목을 스치는
영롱한 별이 되리니.

가실 때에
이제는 울지 않으리라는 것을
그대도 알고 있으리라.

한마디 언약도 없이
그렇게 떠나간
나의 야속한 꽃이여
나의 야속한 꽃이여.

그날처럼

비 오는 거리에
홀로 서서
지난 옛이야기를 생각하며
그리움에 눈시울을 적신다.

한 잔의 커피에
비에 젖은 몸을 녹이며
뜨거운 사랑을 눈으로 나누던,

조그만 우산 하나에
마음 하나를 담고
골목길을 돌아서 나올 때에
어둠도
비도
우리에겐 모두 아름다운 꿈이 있었지.

세월이 흘러
그날처럼
오늘은 비가 내리는데

내가 서 있는 이 자리에
그대의 모습은 보이질 않고
하얀 네온만 우리 옛이야기를
쓸쓸히 전해주누나.

이별 외 2편

청암 박지근
시인 · 대구교도소 교정위원

맑디맑은 눈동자
해맑은 웃음
가족 모두
사랑 찬가 합창하고

사랑 익어가며
한 번 잘못
두 번 실수
질투로 변하여 갈 때

사랑 찬가 허공 메아리 되어
보이지 않게 이별 고하고
이별 상처 달래려
고삐 풀린 망아지 되었네.

귀양살이

잘못 실수 반복되어
술래놀이 끝이 나고
모두 색안경 끼고
호통추궁 일삼음에

피우지 못한 사랑 있다
양파 까듯 속 보일 수 없고
잊어버린 사랑 찾아
매운 눈물샘 솟구치네.

개근상을 타올까요
우등상을 타올까요
참회 화두 짊어지고
참선공부 열공하네.

교화

그림자 무엇이
그리 행복한지
얼굴엔
웃음꽃 만개하고

큰 수에서 적은 수로
셈을 하다 돌아보니
잃어버린 보조개
나에게 찾아드네.

그림자 반색하며
미소로 화답하고
화두공부 끝마치고
하산할 날 기다린다.

아픔 속에서 외 2편

소호 정은희
시인 · 대구교도소 교정위원

검은 하늘에서 억수로 쏟아지는 날
눈을 감고 반평생 살아온 날들을
하얀 도화지 위에 그리려니,
까만 도화지가 될까 겁이 나네요.

지금까지 가버린 시간들이 있었기에
힘겨운 시간들을
그렇게 버티고 살아왔나 봅니다.

시간이란 놈은 정도 없나 봅니다.
어찌 그리 냉정하게 가버리는지…
추운 겨울 칼날 같은 바람으로 얼굴을 스치듯…
무섭고 쌀쌀하기만 하네요.

마음도 그리 평정을 찾지 못해
아프고, 짜증 나고, 슬펐던 일도…
고통스러움이 폭풍우처럼 밀려오네요.
정말!
하얀 도화지가 까만 도화지로 되려나 봅니다.

꽁꽁 묶여 풀 수도 없게 되어 버린
만년빙이 되어버린 나의 마음이

스스로 지쳐 떨어질 때까지만을 기다려 봅니다.
눈을 감은 채 하얀 도화지 위에다
그림 그려 봅니다.

지내온 일들이
천지를 진동하며 쉼 없이 흘러내리는
설악산 비룡폭포처럼
나의 뇌리를 스쳐 갑니다.
순간, 지금껏 살아온 세월이
후회스러움에 얼굴이 뜨거워졌습니다.

움켜쥐어 봐도 별것 아니었고,
좀 더 나누어 주면서도 살지 못했고,
좀 더 베풀어 줄 수도 있었는데,
좀 더 나눠 주면서 살 수 있었는데…
후회스러움에 고개를 숙입니다.

그때 내가 조금 더 베풀지 못한 것에 후회가 됩니다.

길

이 세상에 태어나
아무것도 모르고
사랑이라는 울타리 안에서
그저 앞으로 가기만 했었죠.

조용히 한 걸음 한 걸음
외롭고, 쓸쓸해도
가을 단풍 쓸쓸히 떨어지듯
조용히 한 걸음 한 걸음
앞으로 걸어가야만 했어요.

내가 좋아서 가는 길이였기에
길이 없어도…
그저 묵묵히
조용히 한 걸음 한 걸음
내가 좋아서 가야만 했습니다.

아무것도 모르고
이 세상에 태어나
꿈은 크게 가졌지만,
그다지 해놓은 것이 없더군요.

힘든 고비 넘기며
지금까지 내가 걸어온 만큼
누가 나를 알아주지 않겠지만
나만의 발자국이 생기겠죠…

살고 싶습니다

아직도 모르겠습니다.
아직도 상상인지도 모르겠습니다.

해야 할 일도 많았었고,
하고 싶은 일들도 많은데,
너무하게도 하느님께서
저에게 너무도 큰 시련을
주셨나이다.

머리가 아파오기 시작했습니다.
비틀거리고 쓰러져서
더 이상 움직이지 못할 정도로
아파오기 시작하면,
지푸라기라도 잡고 싶고,
살고 싶은 생각밖에 없습니다.
정말 살고 싶었습니다.

나도 모르게 핑 도는 눈물
그리 아파도 가장 사랑하는 아이들에게
보여주고 싶지 않아
이를 악물고 버티곤 했지요…
그저 고마울 뿐이었습니다.

나의 고통을 사랑하는 이에게 안 보여 주게 되어서…

누가 알런지요…
이 고통을…
제가 큰 잘못이 있다면,
부끄럽던 삶에 석고대죄하겠습니다.

아파도 고마움뿐입니다.
고통도 고마움뿐입니다.

사랑하는 이들을 제 곁에 있게 해 주심에
감사할 따름입니다.
저에게 이길 수 있는 시련과 행복을 주심에
감사할 따름입니다.

여보! 벽강 님

새벽하늘의 별이 떨어졌어. 깜짝 놀라 깨어나니 꿈이네요.

여보는 그렇게 내 곁을 떠났어요.

가을 햇살이 좋군요. 벌써 5제를 마치고 집으로 향한 발걸음. 모든 게 꿈만 같은 시간이었어요.

만남의 인연이 끝나지 않았어도 그래도 하늘이 우리를 시샘하여 먼저 가야겠다고… 왜 그런 말을 하느냐 했는데 세상사 이야기들이 구름처럼 일어나 사라지듯이 그렇게 가시고 싶었나요.

아이들도 있고 나도 있는데….

정녕 인연이 여기까지인가. 정말 사랑하는 나의 님 그렇게 빨리 가야 하는가. 뭘 그리 바쁘게 가는 건가. 상처를 입어야 하는 내 가슴. 누군가 한 사람이 잘해야 한다면 내가 더 잘해야지 하였는데….

나의 주위는 온통 아야 아야. 거친 숨소리 몰아치는 컥컥컥. 마당으로 뛰어나가고파. 아버님, 어머님

도와주소서. 조용히 정리하는 모습으로 갈 수 있게. 그냥 갈 수 있게 놓아주세요. 제발.

저 아파하는 고통. 하늘이 내리는 고통. 천하 대장군도 울 수밖에. 지켜보는 나. 눈물이라고 흐르지, 아니면 비가 쏟아지려나. 폭우가 몰아치려나. 안간힘을 다해 참고 참는 정녕 말기암 환자의 모습이던가. 비오듯 쏟아지는 땀방울. 아! 하늘이여 두 손 모아 비옵니다. 마지막 고통 붙드소서.

하루가 지나고 또 가고 아파하는 당신. 날 두고 가기가 그렇게 힘드나요. 받아들일게요. 기침 그만하고 가세요. 못 보겠어요. 여보야 여보야. 나는 어떡하라구. 정말 무섭고 가슴 떨려 여보야. 이제 또 언제 불러 보려나. 이 목소리 들으려나. 여보야 미안해 너무나 미안해. 당신 보필 부족해 이 아픔 고통 주네. 모두 잊고 가요. 모두 용서하세요. 이젠 어쩔 수 없어 중환자실 인공호흡기에 의지하는구나.

여보! 벽강 님.

고마워요. 당신이 다져놓은 길이 이렇게 디딤돌이 되어 있음을 깨닫게 되었어요.

중생의 끝이 없고 번뇌가 없는 대지혜의 바다에서 해탈하소서. 세세생생 우리 가족들의 이름이 들리고 저희 모습들이 보여지는 곳마다 산 메아리가 되어주소서. 흙탕물에 물들지 않고 진흙에서 연꽃이 피어나듯 어느 곳에 계시든지 늘 편안하소서….

연꽃

살며시 불빛이 찾아든 곳은
아주 조그마한 연당이었어요.
사람이 살지 않는
오고감이 없는 연당이었어요.

화려한 몸짓도
서두르는 걸음걸이도 없었어요.
있는 듯 없는 듯
숨어서 눈짓하는 꽃송이였어요.

감출 수 없어서
피어나는 꽃이였어요.
더함도 덜함도 없이
상처로 남지 않을 꽃송이고 싶었어요.

— 당신의 사계절 단야

해설

벽강(碧江) 오영태 시혼(詩魂)의 아름다움

벽강(碧江) 오영태 시혼(詩魂)의 아름다움

— 유고시집 『늘 한발 늦게 하는 말』 해설

石蘭史 이 수 화
(사)세계문인협회 상임고문 · (사)국제펜 한국본부 원임부이사장

벽강 시(故 오영태 시인의 시, 碧江은 호)를 살피기 위해 컴퓨터 출력지에 담겨 있는 고인의 시편들을 숙독하면서 나는 홀로 낙루를 금치 못했다. 유고시집 평설 요청서에 적힌 시인의 49재(10월 22일) 날짜를 읽고 그리 된 것이다.

고인(碧江)이 시인으로 등단한 때가 불과 한 달 전쯤인 월간 『문학세계』 9월호였고 나는 그 추천자 중에 한 사람이다. 벽강 시인은 '천안개방교도소 소장'으로 봉직하면서도, 아니 선암(腺癌) 선고를 받고도 시혼(詩魂)을 꺼버리지 않고 거룩해야 마땅할 인문학 창작 지평에 영원히 아름다운 영혼(靈魂)의 불꽃을 끈질기게 피어올리고 있었던 것이다. 내가 벽강의 유고시집 출력본을 읽다가 홀로 낙루코만 시부터 여기 단초 삼을 수밖에 없다.

금식통보를 받았다.
아내가 내 밥을 대신 먹는다.
한참을 쳐다보다가
참 맛있게 먹는다고 한 술 거들었다.

아내는 너무 잘 먹어서 미안하단다.
그래도 먹는 데 복이 다 들어 있단다.
먹는 것 빼고 나면 나에게 줄 것이 아무것도 없단다.
밥알을 힘주어 삼키면서 아내가 싱긋이 웃는다.

오늘따라 병상식탁 위에는
아내의 눈물 한 방울과
봄 냄새가 묻어 있었다.

—「아내의 봄」 전문

'금식통보' 란 암선고로 죽음을 짧은 시간 앞에 둔 사람에게 병원 당국이 내린 말할 수 없이 비통한, 제고의 암 선고다. 이내 이중의 죽음 예고다.

그럼에도 벽강은 저토록 아름다운 부부애를 기리기 위해 고담시(枯淡詩, 높고 넓고 깨끗하게 아름다운 시)를 논할 수 있었다. 그의 이 유고시집 표지 날개에 인쇄될 벽강의 모습도 등단 때 『문학세계』 당선 소감문에 실렸던 모습처럼 강건한 근영(近影)일 터이다. 보기 드문 거구의 사나이 시인, 교도소장(囚人들에겐 무서운 공간의 大王)에나 어울릴 벽강은 저토록 아름다운 시편을 우리 곁에 남기고 하염없이 먼 윤회(輪回)의 길을 떠났다. 불교의 무아론(無我論)은 설(說)한다. 사람[人間]은 몸(色, rupa)과 마음(名, nama)의 두 가지로 되어 있다. 몸[色]은 물질(物質)이고, 마음[名]은 형이상학적인 것이다. 이 마음[名]을 불교는 네 가지로 세분해 수상행식(受想行識)으로 나누었는데, 수(受)는 사물에 대한, 또는 자신의 마음에 발동하는 '느낌'이다. 상(想)은 마음에 떠올리는 표상작용, 행(行)은 의지가 작동해 마음을 조작하는 행위, 식(識)은 알아차리는 인식작용을 말한다. 이렇게 색(色, 몸)과 네 가지의 마음[名]의 작용을 합쳐 오온(五蘊)이라 한다. 이 '오온'으로 된 것이 바로 우리 사람인 것이다. 그래서 저잣거리에서도 "그래도 명색(名色)이 있다고 사람이라네!"하는 따위의 욕도 있는 것이다. 그런데 이 오온(五蘊, 다섯 가지의 한 다발 노끈 같은 것)은 영원불멸하는 것이 아니고 몸(色, 물질)이 죽으면 마음(名, 受想行識)도 따라 없어지고 만다. 제행무상(諸行無常)한 것이다. 허무(虛無)한 것이다. 그래서 불교는 윤회설을 설하는 것이다. 본디 사람(오온의 집합체)은 없어지게 마련이지만 그가 선하게 사는 동안 선업(善業)이 쌓여 윤회의 삶을 거듭 살게도 된다는 것이다.

우리의 벽강 시인은 시인으로서만도 선업의 주인공이며, 교도소장으로서만도 선업의 효장이다. 시인은 시인이라서 거짓되지 못하고, 교도소장은 죄인을 교도하는 천직(天職)의 주인공이기 때문일 터이다. 그 명징한

증좌를 벽강의 시(詩)에서 확인한다.

매미가 목을 길게 빼기 시작하는 어느 여름날
刑場 앞에 서 있는 미루나무도
그저 망연히 오늘의 역사를 지켜볼 뿐
그날은 바람 한 점 일으키지 않고 있었다.

저만치서 통용문을 지나
하얀 韓服을 단정하게 차려입은 사형수 한 명이
흰 장갑을 낀 두 명의 교도관에게 동행되고 있었다.
순간 나는 그가 누구인지를 본능적으로 알 수 있었다.

교도관 초년생인 나는
속으로 그를 롬부로조라고 불렀다.
곱슬머리와 앞뒤로 튀어나온 두개골 때문만은 아니었다.
그는 매사에 시시비비로 하루 일과를 때우고 있었다.
하루도 타인을 힘들게 하거나 절절매게 하지 않고는 성이
차지 않는 것 같았다.

한 걸음 한 걸음
그가 점점 가까이 다가오고 있을 때
나는 많은 상념에 사로잡히고 있었다.

그래도 오늘은 마지막인데
그의 모습을 한 번 보아야 하지 않나.
오늘 같은 날은 그가 또 무슨 말을 할까.

그때 나는 늙은 미루나무 뒤로 몸을 감추고 있었지만
얼떨결에 그만 그와 시선을 마주치고 말았다.
사형장 문턱을 밟으려던 그가 언뜻 돌아서며
"주임님" 하고 나를 호명했고
나는 자석에 이끌린 듯 그에게로 다가가고 있었다.

우리는 그렇게 악수를 하고 포옹을 하고
서로의 눈빛을 교환하며 말 없는 말을 많이 나누었다.
그런 후에도 그는 무슨 마음이 남았는지
잡은 손을 한참 동안 놓아주지 않았다.

"아버지,
아니 주임님은 그동안 저에게 아버지였습니다.
그간 너무 힘들게 해 드려서 죄송합니다.
어린 자식이 아버지에게 부린 어리광이나
투정으로 받아주셨으면 좋겠습니다."

이 무슨 가당찮은 작별인가.
10년 이상 연상인 그가
어찌 나의 아들이 된단 말인가,
이 무슨 기가 막힌 일인가.
그가 나를 아버지로 생각했다니

그날 하늘은 너무나 파랬고 눈이 시렸다.
그 후로도 한참 동안
나는 그저 그에게 많이 미안했다.

나는 그를 볼 때마다
롬부로조에게 동조하게 되었고
구닥다리 生來的 犯罪人을 떠올리곤 했었는데
분명 먼지 묻은 낙엽처럼
性善說은 빈껍데기 같았는데.

그의 마지막 말은
그 후로도 오랫동안 남아 있었고
일상이 먹먹하고 버거울 때
신앙 같은 믿음으로 다가왔다.

지금까지도 나의 근성은
그가 남긴 마지막 말이다.
사람에 대한 희망 같은 것, 교도관의 믿음 말이다.

일찍이 그와의 만남은
나를 가장 힘들게 했지만
운명 같은 그와의 만남은
나의 모든 삶의 지표를 바꾸어 놓았다.
나에게 던지고 간 그의 마지막 말 한마디가

—「死刑囚와 矯導官」 전문

이 장시(長詩) 성향의 이야기시(서사 지향성의 짧은 이야깃거리가 취급된 리얼리즘, 민족 · 민중시가 아님)는 저 앞 모두에 거론한 「아내의 봄」처럼 해설이 필요

치 않은 직접 화법의 시임에도 시의 내용상 역사주의 비평(텍스트보다 시인의 이력에 주안점을 두고 논하는 비평)의 시점을 통해 거론하지 않을 수 없다.

시인, 즉 시적 주체(화자)는 이 시에서 리얼리즘 시의 이야기(시적 정황) 전언과 리리시즘의 태도라는 이중 역할을 수행하고 있다. 그것은 교도관으로 사형수를 형장으로 보내면서 겪은 롬부로조로서의 범죄(형)자나 인간의 성악설(性惡說)이라는 편견에 빠져 있어서는 안 된다는 교도관의 자세에 대한 새삼스런 깨달음(사형수를 통해)이다. 이와 같은 벽강 시의 리얼리즘은 70~80년대의 한국시가 혼란에 빠져 있던 요인의 하나인 사회주의(편내용주의, 막스 · 레닌 이념) 리얼리즘은 물론 아니고, 예시(例詩)에서처럼 객관적 진리, 즉 성리학적 정성된 마음 · 순결, 순진한 성정, 타인의 아픔을 자기의 아픔으로 여기는 중용(中庸)의 마음이 감동을 주는 형이상학이다. 여기에 이를 수 있게 지공무사(至公無私 · 思無邪)의 시정신이 형상되고 있는 바가 바로 벽강 시 「死刑囚와 矯導官」일 터이다. 이처럼 리얼리즘 시의 명징한 미학을 거두고 있는 벽강의 이 유고시집 『늘 한 발 늦게 하는 말』(2011. 10. 도서출판 천우 刊) 표제시(表題詩)를 읽고 가야할 계제이다.

어느 날
네가 떠난 뒤
비로소 철없음을 안다.

늘 한발 늦게 깨닫는
그것이 문제지만 그래도 사랑이다.

네가 떠난 후에 하는 말이 사랑이다.
사랑할 때 하는 말이 아닌
네가 떠난 그때에 하는 말이 사랑이다.

늘 한발 늦게
비어 있는 자리에 하는 말이 사랑이다.
목구멍 속으로 삼키며 하는 말이 사랑이다.

가끔 지나가는 바람이 늑골을 파고들 때
보석 같은 눈물 한 방울
짜내어 하는 말이
사랑이다.

—「늘 한발 늦게 하는 말」 전문

벽강 시의 이 은유도 상징도 아닌 직설적 미학은 어디에서 오는 것일까? 그의 미사학(美辞學, rhetoric)의 강세법(强力法) 소치일 터이다. 스토리는 없지만 시적 주체가 늘 한발 늦게 깨닫거나, 대상이 비어있는 자리에서 느끼는 마음의 리얼리티가 형상화되고 있다. 사랑의 내용(주제)이 리얼리즘시의 형상성을 획득한 경우 그 감동은 비할 데 없다. ①은 신경림 시이고, ②는 우리의 벽강 시이다.

①

이른 새벽 여관을 나오다 보니
밤새 거리에 벚꽃 활짝 피었다
잠시 꽃향기에 취해
길바닥에 주저 앉았는데
콩나물을 사 들고 가던 중년 아낙
어디 아프냐고 근심스레 들여다본다
해장국집으로 아낙네 따라 들어가
창 너머로 우뚝 솟은 산봉우리를 본다
창틀 아래 웅크린 아낙의 어깨를 본다

하늘과 세상을 떠받친 게
산뿐이 아닌 것을 본다

— 신경림 「산 그림자」 전문

②

솔바람 산새 소리에 千年을 지켰구나.
빈 가슴 풀물 들어 바람머리 밟고 서서
山頂에
선 고목조차
님을 향해 누웠구나.

달빛보다 푸른 눈썹 밤이슬이 더욱 찬데
심곡의 눈먼 부엉이 격정의 붉은 울음
불면의
밤 노루 되어
잠든 바다 굽어보네.

님이 탄 말발굽 소리 들릴 듯도 하건마는
해무리 달무리에 千年이 저물었네.
서러운
산 빛 깨뜨려
빈 배라도 띄울거나

—「望夫石」 전문

예시 ①은 2개 연, 11행으로 씌어 있는데 시적 주체는 우연히 마주친 중년 아낙과의 체험을 응축된 이야기(리얼리티)로 형상화하고 있는 바, 그것이 보편성을 띠는 사랑의 정신이라는 내용이다. 그리고 둘째 연의 깨달음의 진리가 가능할 수 있음은 저러한(첫째 연) 보편적 사랑의 감동으로써 획득되고 있음을 보여주는 리얼리즘시의 전범에 가깝다. 그렇다면 ②는 어떤가? 두말할 것도 없이 ①과 동일선상에서 ①의 리얼리즘시 성취를 파악할 수 있는 것이다. ②의 주인공 망부석(望夫石)이 ①과 같은 인간(아낙)은 아니지만, 오히려 인간(여인)의 지극한 사랑의 승화로 기다림의 사랑의 여인상이란 하나의 설화적 표상에서 민족적 순결·정성의 여인상으로 존중 받는 리얼리티를 획득한 여인으로 형상화 되었다는 점에서 벽강 시의 이 리얼리즘시는 좀 더 미학적일 터이다. ①의 아낙의 마음보다 ②의 망부석(박제상의 아내)의 천년을 기다리는 여인의 일편단심이 척박하게 말해 더욱 리얼리티한 형이상학에 이른다 하겠다.

벽강 시의 이와 같은 리얼리즘 시정신(思無邪의 사랑정신)은 다음과 같은 체험적 리얼리티 가득한 감동의 시를 남긴다.

오늘밤 가득한 저 달빛은
어느 방 창틀을 닦고 있는가.

작부처럼 취한 현저동 하늘
짐승처럼 웅크린 도시에서
오늘밤 가득한 저 달빛은 어느 방 창틀을 닦고 있는가.

오늘의 이 적막만큼
허리를 파고드는
時代의 業報여.
허기진 瞳孔으로
刑場을 지키고 선 늙은 미루나무여

오늘 밤 눈이 맑은 아이들을 잠재우고
마지막 향불 사르는 女人의 기침소리
멈추게 하라.

—「현저동 101번지」 전문

이 예시(例詩)에서처럼 벽강 시의 사무사(思無邪)의 포에지(詩精神)는 그의 명징성의 레토릭에 의해 더욱 감동적인 리얼리즘시 형상에 이른다. 가위 시인의 체험과 수사학의 밀접성이 얼마나 텍스트 미학 창출에 크게 이바지하는가 그 까닭이 여기에 있음을 볼 수가 있다. 형장의 이슬로 사라질 사형수의 마지막 향불 사르는 아내의 기침 소리에 측은지심(연민)이 향하는 벽강 시 포에지에는 그의 리얼리즘 시정신이 인간의 보편적 사랑에 기반하고 있음을 충분히 반영하고 있다 하겠다. 이 또한 벽강 시의 체험적 리얼리즘시의 반영물임이 재확인된 된 셈이다. 직업 · 직종에 따른 그의 체험 말고도 그가 암 선고와의 싸움에서 확보한 언필칭 투병시의 경우 다음과 같은 두 콘텐츠의 미학성은 뛰어난 텍스트들이다.

①
밤새도록
몸살을 앓다

이른 새벽 토해내는
물안개의 함성

수줍은 홍련이
사~알짝 고개 내민다.

손금을 타고 흐르는
온기
……

걷고 싶다
황톳길 2002m.

②
꽃이 피었다는
기별도 없었는데
일렁이는 바람 한 점 없는데

감꽃이 마당에 뚝뚝 지는 날

한 마리 우아한
초록 나비나 될까

시퍼런 날개 희뜩희뜩 뒤집으며
울타리에 흐드러진 넝쿨 장미 위에
후드득 내려앉아 볼까

뜨끈한 바람이 쏴아아
소낙비처럼 밀려오면
아무도 모르게
꽃잎이나 황홀하게 흠뻑 적셔줄까

날카로운 가시에
핏물 뚝뚝 흘리며
절정을 향해 한번 치달아 볼까

예시 ①은 「옥현 저수지」 ②는 「6월」의 각각의 전문(全文)들이다.

내가 이 글 저 앞 모두 벽강 시를 읽다가 기어코 낙루(落淚)를 금치 못했다 한 시들이다. 병상에서 육신의 아픔에 시달려 보지 않은 시인인들 죽음을 두려워하지 않을 사람 어디 있으랴. 더구나 암이라는 죽음의 유예 선고 앞에 벽강 시 「옥현 저수지」의 저 정처 없이 아득하면서도 물안개 속 홍련을 하염없이 보고 싶지 않은 사람 어디 있으랴. 더구나 예시 ②에서처럼 그 아름다운 삶, 저토록 삶의 열정에 저 세기적 생(生)의 도약을 노래한 철인 베르그송처럼 생욕(生欲)에 넘치던(비록 암 선고 중이지만) 눈물겨운 시인 벽강이었으니….

나는 슬퍼서였을까. 감동이 그토록 슬픈 감동도 있었으랴 싶기만 한데, 지금 이 글귀에 이르러서는 모든 감정은 훗서얼의 현상학적 판단중지로 있는 수밖에 없다. 그럼에도 예시 ①의 제3 스탠자 "수줍은 홍련이/사~알짝"에서의 저 '사~알짝' 이란 근사야말로 일품이 아니겠는가. 이런 공감각(共感覺, synaesthesia) 한정사는 아무 시인이나 내보이는 솜씨가 아니다. 특히 예시 ②의 시적 주체의 유의(喩義, vehicle)인 '나비' 는 텍스트 내의 욕망(慾望, 섹스)의 화신으로 그의 저러한 생욕(生欲)이야말로 베르그송의 생철학(生哲學)의 백미이다. 예시 ②의 계절은 6월이고, 기승전결(起承轉結)의 기본 플로트에 4연의 크라이시스, 5연의 클라이막스에 표상된 남녀상렬지사는 눈에 선명한 섹슈얼 이미저리의 조

소성(彫塑性)이다. 어찌 내가 예시 ②의 여기에 이르러 낙루를 막을 길 있었으랴. 인간의 3대 욕망(食慾, 수면욕, 性慾) 중에 벽강은 이제(6월 그 어느 감꽃이 바람에 뚝뚝 지는 날) 식욕은 물론 성욕조차 암으로 잃었으니 그렇게 시(詩)로나 적어볼 수밖에 없었던 것이다. 그러나 벽강은 암선고로 이미 부처가 되어 있었다. 그의 「나의 血布施」에 이르기를,

주말에 아내가 왔다.
모처럼 귀한 손님으로 대접하고 싶었다.
나는 내 방식대로 음식을 장만하여 아내에게 한 상 내밀었다.
차려주는 밥상에 아내가 그렇게 좋아할 줄은 몰랐다. 익숙한 솜씨로 설거지까지 끝냈다.

할 일을 했다 싶어 자리에 앉았다.
그때 벽에 붙어 있던 모기 한 마리가 아내에게 적발되고 말았다. 나의 血布施로 몸이 무거웠던 놈이다. 아내의 손바닥에 철퍽 잡히고 말았다. 아직도 생선 한 마리 제대로 만지지 못하는 손이지만, 가볍게 피하질 못하고 피를 튀기며 그놈은 처참한 최후를 맞았다.

좀 성가시긴 했지만 가끔은 나의 벗이 되어 주었던 놈이다.
날지 못하면 죽어야 하는 것이 그놈의 운명인 것을,
아차, 한 생애를 탈 없이 누리려면
사람이나 모기나 몸을 가볍게 해야 하는 것을
내 알려주지 못했구나.

—「나의 血布施」 전문

벽강 시가 저러한 모기와 같은 미물, 그것도 인간의 적대적 존재에게 혈보시를 했다는 아이러니에 독자는 일말의 미소조차 앞서지만 후말련에 초로한 시적 주체의 "아차, 한 생애를 탈 없이 누리려면"의 전후 실책담은 또 하나의 벽강 시 경험주의 소산이라는 점에서 우리는 그의 리얼리즘 시정신의 교훈성에 고개를 다시금 주억거릴 밖에 없는 것이다. 이제 이쯤에서 벽강 시의 훌륭한 미학의 시 「눈의 속성」을 음미하는 바로써 시와 인간 두루 아름다운 시혼과 삶의 발자취의 존귀성에 값하는 척박한 평설글이나마 삼가 명복을 비는 글가름으로 대신해 드리는 바이다.

눈이 내린다.
낮에 내린 눈이 또 내린다.
여럿이서 천천히 지상으로 내린다.

눈은 속도를 낼 줄 모른다.
앞서 간다고 시샘할 줄도 모른다.
먼 눈 살피다 뒤처져도 서두르지 않는다.

어쩌다 눈 맞아 한몸 되어도
무게를 더하거나 서로에게 짐이 되지 않는다.
누군가에게 어깨를 내어 주거나
서로를 토닥이며 내린다.

오순도순 지상에 내려앉아

양서류의 겨울잠과 곤충의 알들을 다독이며
고치 속 번데기의 생애를 얘기한다.

한량없이 눈은 내리고
길을 잃고 가슴 콩닥거리는
작은 짐승의 안부가 궁금한 날이면
얼어붙은 땅에 온기를 더해
청보리 새순을 돋게 한다.

저 산등성이에
맨몸으로 서 있는 나무들
부르튼 언 발을 녹여주는 따뜻한 아랫목이 된다.

—「눈의 속성」 전문

벽강 시의 대세(大勢)가 리얼리즘시에 있다면 예시와 같은 미학(美學)의 시는 그의 발군의 리얼리즘시와 쌍벽임을 예시에서 읽게 된다. 이 시의 특히 직설 화법에 의탁한 눈 내림의 메타포어는 그 본의(本義)와 유의(喩義)가 아키타입상(上)의 하강(下降) · 이미지의 만상을 포용하는 아름다운 섭리(攝理, providence)로 되어 있어 감동은 신뢰로 가득 차게 된다. 더구나 만상이 상호 의존(interdependency)해 존재한다는 불교의 화엄사상, 벽강 시 화엄사상은 결국 후말련의 나무초자 눈이 내려 따뜻한 공생(共生, interdependency)을 이룬다는 아름다운 어거적(馭車的) 시상(詩想)을 창조해 내는 바로써

대단원을 이루며 끝난다. 벽강 시가 따뜻하고 공생적(共生的)인 생명 찬가였음을 거듭 강조하면서 또한 거듭 고인(故人)의 명복과 아울러 벽강 시의 영원한 생명력에 빛이 더해지기만을 기원해 마지않는 바이다.

2011. 10.

삼개나루 樹黨軒에서

문학세계대표작가선 643

늘 한발 늦게 하는 말

碧江 오영태 유고시집

인쇄 1판 1쇄 2011년 10월 15일
발행 1판 1쇄 2011년 10월 22일

지 은 이 : 오영태
펴 낸 이 : 金天雨
펴 낸 곳 : (주)천우미디어그룹/도서출판 天雨
등 록 : 1992. 2. 15. 제1-1307호
주 소 : 서울시 성동구 무학봉28길 6(하왕십리동 966-23) 금용빌딩 2층
전 화 : 02)2298-7661
팩 스 : 02)2298-7665
http://www.moonhaknet.com
E-mail : ing@moonhaknet.com

값 8,000원

ISBN 978-89-7954-494-7